AF259665

IO centimes

—

DISCOURS

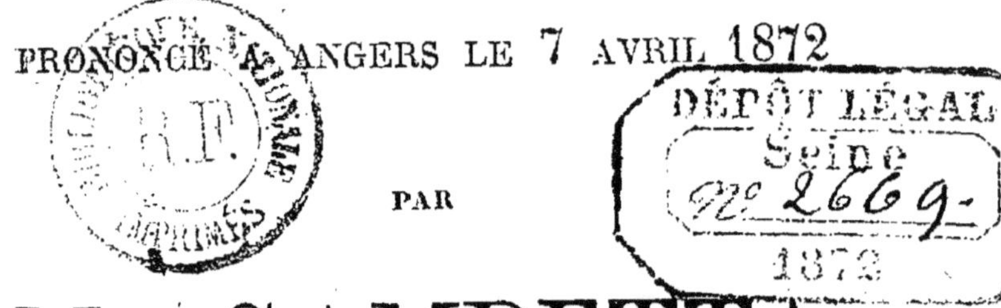

PRONONCÉ À ANGERS LE 7 AVRIL 1872

PAR

M. GAMBETTA

—

PARIS

ERNEST LEROUX, ÉDITEUR

28, RUE BONAPARTE, 28

—

1872

Paris. — Imp. Vallée, 16, rue du Croissant

DISCOURS

PRONONCÉ A ADGERS, LE 7 AVRIL 1872

PAR

M. GAMBETTA

Messieurs et chers Concitoyens,

Il m'est particulièrement doux de me trouver au milieu d'une démocratie qui a des représentants comme ceux qui sont assis à cette table ; il m'est particulièrement doux de sentir, dans l'accueil que vous me faites, que vous avez voulu surtout distinguer le sentiment, le zèle avec lesquels il m'a été donné d'unir, d'allier ensemble le drapeau de la République à celui de la France. (Applaudissements.)

Car ce sont de véritables calomniateurs, des détracteurs du passé comme de l'avenir, ceux qui prétendent que, pendant une seule minute, à une époque quelconque de notre histoire, nous avons mis en opposition ou en balance l'intérêt du parti et l'intérêt de la France. (Très-bien ! très-bien !)

Non, pas plus que nous n'avons séparé le suffrage universel de la République, nous n'avons jamais séparé la France de la République.

C'est avec le prestige de cette indissolubilité que le parti républicain a droit

de se présenter devant les factions riva-
les et devant le monde entier ; c'est dans
ces sentiments de solidarité, d'union in-
dissoluble que nous devons toujours
nous placer, pour la contradiction, en
face de ceux qui disputent encore à la
France la constitution permanente et définitive du gouvernement républicain.
(Applaudissements).

Je vous en prie, mes amis, vous di-
siez tout à l'heure : Vive Gambetta ! et
plusieurs d'entre vous faisaient dominer,
et avec raison, le cri de : Vive la République ! eh bien, ce que je vous demande,
c'est de ne pas me prodiguer des applaudissements qui, certainement, partent
chez vous de cette profonde affection que
je vous ai vouée, et que vous me rendez,
— mais qui sont inutiles entre hommes
libres. (Très bien ! — Marque unani-
me d'assentiment.)

Eh bien ! puisque nous voici réunis,
je peux bien profiter de la circonstance et de l'occasion, en réponse aux
excellentes paroles que vous avez entendu prononcer tout à l'heure par
mon excellent ami, et votre vétéran
dans les luttes politiques de ce pays,
l'honorable M. Guitton aîné — je peux
bien, dis-je, profiter de la circonstance
pour vous dire toute ma pensée.

L'honorable M. Guitton aîné vous ex-
posait quelles sont nos espérances et
quelle est, au vrai, notre situation, et il
vous montrait comment notre politique,

— la politique républicaine, — que l'on doit présenter avant tout comme une politique nationale, est à la fois protectrice de l'ordre, de la liberté et de tous les intérêts, sans distinction aucune, qui ont le droit d'avoir leur place au soleil.

Oui, je maintiens qu'aucun autre parti ne se présente au pays avec une politique comportant les mêmes avantages, — et je fais, croyez-le bien, quand je parle des partis, des distinctions entre ceux qui méritent de figurer dans l'arène et ceux qui doivent en être constamment exclus.

J'estime donc que nous sommes arrivés à une période particulière de l'histoire de la Révolution française, et je tiens ce langage au lendemain de ces désastres sans nom qui ont mutilé la France, qui l'ont accablée, mais qui ne l'ont pas ruinée, entendez-le bien ; car, de tous les côtés, on voit distinctetement les germes de la vitalité reparaître, les cœurs se refaire, l'avenir se dégager, en sorte que l'on peut prédire, à coup sûr, que cette nation, qui a su sauver son honneur, saura reprendre véritablement le rang qui lui appartient dans le monde. (Oui ! oui ! — Longs applaudissements.)

C'est, en effet, par la conservation de l'honneur que se conservent les peuples. Les peuples ne périssent jamais par des convulsions intérieures, par des luttes de partis ; non, ils ne périssent que lorsque, autour d'eux, les autres peuples font le silence, que lorsque tous signes de vie particuliers, toutes communications voisines leur sont interdites, ou bien lorsque ces relations avec leurs voisins ne peuvent avoir lieu que le joug sur la tête. Oh ! c'est alors que tout est compromis, et que tout va périr. (Sensation.)

C'est par l'expansion, par le rayonnement de la vie au dehors, par la place qu'on prend dans la famille générale de l'humanité que les nations persistent et qu'elles durent. Si cette vie s'arrêtait, c'en serait fait de la France, mais cet arrêt est impossible, j'en atteste le besoin qu'on a d'elle dans le monde ! (Bravos et applaudissements.)

Revenons aux paroles qu'on a prononcées, et, à l'heure où je peux me trouver en communication intime avec vous, mes chers concitoyens, laissons de côté ces grands sujets de philosophie politique et causons de nos affaires, comme dans une véritable démocratie, entre égaux, avec les seules différences que créent le travail et l'intelligence, ces instruments supérieurs de l'activité humaine, que l'on a le droit d'invoquer et de faire valoir, pour parler à des hommes. (Approbation.)

Eh bien, s'il faut que je vous dise ma pensée, j'ai été attiré vers vous, messieurs, surtout par un besoin de visiter une partie de la France que l'on méconnaît, que l'on rabaisse, et à laquelle on ne rend pas toute la justice qui lui est due, la justice du patriotisme.

Oui, vous savez bien de qui et de quoi je veux parler. On considère constamment cette partie de la France, circonscrite par la Loire et par l'Océan, comme une espèce de forteresse, de citadelle que les préjugés gardent pour en empêcher l'accès à toutes les idées autres que les idées du passé !

Et l'on ajoute : « Que parlez-vous de République, d'intérêts démocratiques dans ces pays? ce sont des landes, des steppes habitées par des esprits mal faits et chagrins; ce sont des populations abandonnées : c'est la Vendée, c'est le Bocage, c'est le Maine et-Loire... c'est fini, c'est une terre pour laquelle toute culture est inutile! »

C'est souvent ce qui arrive en France. On l'a dit avec raison : On ne voyage pas assez en France, et ce que nous connaissons le moins, c'est notre propre géographie. (Vive approbation.)

Autrefois ces pays étaient le terrain des priviléges par excellence, c'est là que se firent les grandes attaques et les longues résistances, c'est là qu'il en a le plus coûté pour installer les bienfaits de la Révolution française; mais c'est précisément à cause de ces luttes que vous gardez le souvenir de ces bienfaits avec plus de piété et de ferveur; et parce que vous n'avez pas pu profiter de la vivacité du courant énergique et rapide qui a entraîné d'autres populations de notre pays, qui n'avaient pas à secouer autant de siècles d'iniquités que vous-mêmes, ce n'est pas une raison pour qu'il soit permis de dire que vos populations n'ont pas un cœur véritablement français et républicain. (Marques unanimes d'assentiment. — Bravos).

Vous en avez d'ailleurs donné de mémorables témoignages. Je ne rappellerai pas votre passé, parce que je crois qu'il n'est pas bon de rappeler le passé quand il s'appelle la guerre civile. (Très bien ! très bien !) Je préfère rappeler vos manifestations plus voisines de nous, toutes récentes, depuis le jour où il vous a été donné de pratiquer la liberté électorale, depuis que vous avez cessé d'être placés sous le coup des incitations de l'empire, de cet empire maudit, dont le nom ne devrait être prononcé qu'avec une sorte de dégoût physique, de cet empire qui avait eu l'impudeur et l'étrange fortune, — soutenu par les moyens de corruption de toute nature que vous savez, — de recourir aux voix du plébiscite, de cet empire qui osait soutenir dernièrement qu'il avait été renversé par une émeute, alors qu'il a été expulsé par une sorte de hoquet public. (Double salve d'applaudissements. — Interruption de quelques instants.)

Eh bien, cet empire avait interrogé, consulté le suffrage universel ; il avait mis aux voix non-seulement son propre arrêt, mais l'arrêt de la patrie ; et, chose inouïe, chose unique dans l'histoire ! trois mois après le vote de ce peuple, qui avait livré sa fortune, sa destinée, le patrimoine de sa gloire passée, ses frontières, la garde de son unité à un aventurier parjure et criminel, — trois mo's après le vote, cet implacable arrêt s'exécutait, et c'était sous le coup du plébiscite que nous perdions l'Alsace et la Lorraine ! (Sensation prolongée.)

Quand je dis : nous perdions l'Alsace et la Lorraine, je m'entends et je n'insiste pas, vous me comprenez aussi, nous ne les avons ni perdues ni cédées. (Adhésions unanimes.)

Mais sur ce sujet il faut être sobre. Ce n'est pas ici, dans cette assemblée, où je vois des hommes qui ont si noblement et si fièrement fait leur devoir pendant la guerre, qu'il convient de dire que leur sang a coulé en vain pour la défense de la France. (Bravos enthousiastes.)

Quand je suis venu chez vous, messieurs, je savais bien que je n'étais pas sur la terre stérile et inconnue dont je parlais tout à l'heure, je savais bien que j'allais dans une ville où le Conseil municipal, où la mairie, où les autorités voisines de Saumur, de Baugé et d'autres endroits, sont dans les mains non pas de gens de parti, mais de mandataires libres, loyaux et responsables, choisis par la majorité de leurs concitoyens dignes de leurs mandants et à la hauteur de leur mandat. (Applaudissements)

Et alors, pendant que les uns me font voyager au-delà des frontières (Rires), que d'autres me promènent au milieu des populations du Midi, que d'autres enfin me contestent même le droit de me déplacer (Nouveaux rires), je me suis dis que le meilleur moyen d'utiliser les quelques jours de vacances que les Conseils généraux font à l'Assemblée de Versailles, c'était de venir parmi vous, pour vérifier une fois de plus à quel point l'Assemblée de Versailles ne représente plus le pays (Applaudissements prolongés), même dans les endroits d'où étaient venus les plus arrogants de ses membres (Rires), lesquels, à l'heure qu'il est, ne représentent plus qu'eux-mêmes, et, en vérité, ce n'est pas assez! (Nouveaux rires d'approbation.)

Eh bien, je suis fort satisfait de mon voyage, et veuillez croire, messieurs, que je n'ajoute rien de trop personnel dans cette satisfaction. Je ne suis pas seulement édifié sur les dispositions que vous avez bien voulu me manifester, mais je trouve qu'il y a une telle concordance, une telle alliance entre vos idées et les idées des populations qui sont de l'autre côté de la Loire, qui sont sur les bords du Rhône, sur les bords du Var, qui bordent toute la Méditerranée, que je me dis : Il est percé à jour ce calcul de nos adversaires qui consiste à représenter une partie de la France comme étrangère à l'autre, ceux-ci à ceux-là. Non ! c'est toujours le même esprit, partout homogène et partout semblable à lui-même, qui anime, qui enflamme et qui réunit toutes les parties de la France et, au nom des intérêts républicains, je salue l'unité morale de la patrie. (Applaudissements prolongés.)

C'est, en effet, un des calculs les plus habituels de nos détracteurs en face des populations différentes du Nord, du Centre, ou de l'Ouest de la France, — populations qui ont gardé par devers elles, au milieu de la nationalité française, une empreinte particulière, un air de race, des mœurs, des habitudes, des pratiques qui, dans l'admirable faisceau de l'unité française, conservent une variété harmonieuse, — c'est le calcul de nos détracteurs, profitant de cette diversité, de dire par exemple aux Provençaux : Si vous saviez comme telles populations sont alourdies, comme elles ont peu l'instinct du progrès, comme elles vous sont étrangères et indifférentes !

Et aux populations du Nord ou de l'Ouest ils disent, en parlant du Midi : C'est une population absolument volcanique ; on n'y parle que de s'égorger ; c'est une race indisciplinée et impossible à gouverner ; c'est un peuple de démons !

Et voià comment on présente les deux frères l'un à l'autre ! (Rires.—Applaud.)

Or, messieurs, à voyager, à visiter les différentes localités des pays, on acquiert cette conviction, toujours grandissante, que la République est la même partout, que les populations la veulent d'un désir égal ; seulement les populations obéissent à leurs tempéraments qui sont différents : les unes la réclament, les autres la préparent; les unes la pressent, d'autres l'attendent, d'autres enfin l'exigent. (Vive approbation.)

Mais toutes ces variétés, — n'en déplaise aux moroses et aux chagrins de la monarchie, — ne signifient qu'une chose : nous avons la République, nous voulons la garder, nous voulons surtout la développer. (Oui ! oui ! — Bravos.)

Et c'est à ce travail de consolidation, de développement, d'accroissement, que chacune de ces fractions de la nation apporte son contingent spécial et personnel de lumières, d'activité, d'aptitudes. Et c'est par là que je conçois qu'il déplaise beaucoup à certains esprits de vous voir voyager, parce que ce qu'ils redoutent, c'est le contact, parce que quand on se voit, l'on se compte et l'on s'unit, et parce que notre union fait notre force. (Approbation)

Oui, c'est l'union qui, jusqu'ici, a fait votre force, c'est l'union qui vous a permis de vous relever d'une chute qui, pour être glorieuse, n'en pas été moins profonde; c'est l'union qui vous a permis, comme on l'a rappelé, de traverser

les mauvais jours, qui vous a permis
d'attendre que l'heure du rappel et de la
justice sonnât; et c'est cette union sacrée,
à laquelle il faut faire tous les sacrifices,
cette union, gage certain du triomphe
prochain, c'est elle qui vous permet aujourd'hui d'assister l'œil tranquille, l'ob-
servation parfaitement sagace, à la pul-
vérisation des partis adverses ; car si
votre union est consommée, si votre
pacte est fait, si, laissant de côté résolû-
ment les dissidences d'origines et de
théories que comporte toujours, dans un
grand parti comme le nôtre, la discussion
des idées, nous nous trouvons ramenés,
avec une inflexible rigueur de méthode,
devant l'urne électorale, si tout le monde
est d'accord pour demander ce que tous
nous devons réclamer, nous vaincrons.
A ce titre, dans ces conditions, mais à ce
titre seulement, et dans ces conditions
seules, nous vaincrons, et pour toujours.

Vous avez déjà vu les premiers fruits
de la victoire : ils ont été doubles. Non-
seulement vous avez pu constituer pres-
que partout une force organisée; non-
seulement vous avez pu faire apparaître
un personnel, dans notre parti, à tous
les degrés de l'échelle sociale ou admi-
nistrative; mais, par votre union, vous
avez immédiatement jeté le désordre, la
confusion et l'incohérence dans les rangs
de vos adversaires, et c'est depuis que
vous êtes unis qu'ils se divisent. (Vive
approbation.)

En effet, où en sont-ils ces adversaires ?

Il y a, comme vous le savez, un parti qui, je m'empresse de le dire, est composé de gens beaucoup plus innocents que méchants, de gens appartenant à une éducation de classe, de religion, de fortune qui explique intellectuellement et psychologiquement leurs affections intimes ; mais ce n'est pas de cela qu'il s'agit ; il s'agit de savoir ce que veut ce parti et où il nous mènerait.

Eh bien, ce parti, qui ne tient aucun compte des événements accomplis depuis près d'un siècle, qui n'en tient compte ni ici, ni là, ni en France, ni en Europe, ni en Amérique, qui ne tient compte ni des faits qui se sont produits depuis le retour de la Restauration, ni du système général politique des gouvernements, ni des principes de l'économie sociale, ni des conquêtes de l'esprit d'examen, ni de celles de la science, s'obstine à demeurer attaché à tous les éléments qui ont disparu les uns après les autres. En telle sorte que, si nous voulions lui céder, il ne serait pas plus difficile de ramener parmi nous n'importe quelle civilisation éteinte depuis des siècles que son système disparu depuis 1789. (Applaudissements. — Très bien ! très bien !)

Ce parti est composé d'hommes qui croient que des obligations de cœur, qu'une certaine noblesse de caractère, qu'une véritable générosité de sentiments

les obligent à jouer, au milieu de notre
société, ce rôle de paladins inconvertis-
sables. (On rit.)

Ne leur parlez pas raison, ils ne connaissent que la foi ; ne leur parlez pas de
ces forces, à la fois terribles et nouvelles,
qu'on appelle les forces de la démocratie ; ne leur dites pas que, désormais,
il est impossible de faire rentrer sous
terre ce fleuve qui ne déborde pas, mais
qui coule à pleins flots d'un cours régulier et sûr ; **ne** cherchez pas à leur
faire comprendre que la terre, aux
mains des paysans, que l'atelier, aux
bras de l'ouvrier, que les capitaux
eux-mêmes, que l'on réussit à ac-
quérir par des efforts accumulés, aux
mains du capitaliste et du financier,
ce sont là les forces de la démocratie ; ne
leur dites pas que nul ne doit échapper
aux charges de la société, ce qui est une
des lois de la démocratie ; ne leur dites
pas que l'armé e elle-même représente
une vaste fonction sociale, à laquelle
chaque citoyen doit concourir, ce qui est
encore une loi de la démocratie ; ne leur
dites pas que l'armée de 1797 comme
celle de 1832 sont des institutions démocratiques ; ne leur dites pas tout cela,
ils ne vous comprendraient pas ; ils vous
diraient que vous êtes des sacriléges, et
ils vous accuseraient de vouloir attenter
à leur foi. (Approbation).

Vous ne pouvez discuter avec eux ; ils
se servent de leur langue et de leur es-

prit, mais ils détestent la raison ; ils ont de véritables grâces d'Etat : ce sont les naïfs ; c'est là, permettez-moi le mot, la fine fleur du parti légitimiste. Je les respecte infiniment ; ils ont le goût de la tradition, et ils la défendent, mais ils ne la comprennent pas.

Ce n'est pas, à coup sûr, qu'il faille rayer de notre histoire le magnifique développement de la monarchie qui a fait la France avec le concours, avec les efforts associés du peuple, de la bourgeoisie et de la noblesse. (Vive approbation.) Mais ce passé a fourni sa carrière, c'est une force épuisée, dont la source est tarie et qui doit disparaître pour faire place à un monde nouveau qui commence.

En conséquence, — et que nul ne se trompe à mon langage, — ils se croient les continuateurs de la tradition, c'est une erreur ; car si cette civilisation disparue avait pu convenir au développement de la démocratie, elle se fût associée elle-même aux nécessaires progrès de cette force moderne. Cet équilibre a été tenté, on a essayé de faire un pacte et, après l'expérience, il a fallu se poser ce dilemme : Ou il n'y a pas de souverain ou il n'y en a qu'un seul, et c'est le peuple. (C'est cela ! — Très bien !)

Alors la monarchie a apparu sous deux aspects : une fois, elle s'est posée en maître du peuple ; une autre fois, elle a été son serviteur subjugué ; dans l'un et l'autre cas, elle a dû disparaître.

Toutefois, ceux qui se croient les serviteurs de la tradition sont sortis comme par hasard, comme par surprise, du fond de je ne sais quelles gentilhommières, ils sont arrivés, se sont présentés à la France, et la France ne les a pas reconnus ; ils le savent eux-mêmes aujourd'hui, et c'est pour cela qu'ils ne veulent pas s'en aller. (Hilarité.)

Car, remarquez-le bien, si l'on passe en revue tous les arguments pour ou contre la dissolution, au fond on voit qu'il n'y en a qu'un : c'est la certitude de revenir ou de ne pas revenir. Messieurs, je ne veux rien dire de désagréable, mais je suis convaincu qu'il y en a un bon nombre, à l'Assemblée de Versailles, qui sont fixés à cet égard.

Du reste, ils ont quelque raison d'être fixés, car le 8 février 1871, — époque à laquelle ils ont été nommés, je dis ceci entre parenthèses, non pas seulement comme des députés et des législateurs, mais comme des parlementaires, permettez-moi ce mot, entre deux armées, — à cette époque, dis-je, ils avaient une mission spéciale et limitée. Le suffrage universel ne s'y était pas trompé : il se trompe fort rarement, et il sait très bien ce qu'il veut faire. A ce moment il voulait faire une certaine chose : cette chose a été faite, obtenue, et lorsqu'elle a été terminée, tout le monde a considéré qu'il n'y avait plus rien à faire pour ceux qui en avaient été chargés.

C'est tellement vrai qu'aussitôt qu'on a voulu consulter à nouveau le suffrage universel, que s'est-il produit? le suffrage universel consulté, sous quelque forme que ce soit, à quelque degré de la hiérarchie qu'on se place, a répondu d'une façon uniforme; il a dit : Rendez-moi ma souveraineté! (Applaudissements prolongés.)

On l'a consulté pour les élections municipales, et il a donné là un merveilleux exemple, bien nouveau, bien rassurant; il s'est prononcé au milieu de la guerre civile, au bruit des déclamations dirigées contre le parti républicain, sans émotion, avec un sang-froid imperturbable, sur tous les points de la France. Et qu'est-ce qui a triomphé dans les élections municipales, leur esprit gagnant de proche en proche, de la commune au chef-lieu de canton, du chef lieu de canton au chef-lieu d'arrondissement, qu'est-ce qui a triomphé? le parti de la République, lé parti de la paix sociale, le parti qui voyait dans ces élections une manifestation politique, — peut-être à tort, — mais enfin on disait que c'étaient des élections politiques. Nos adversaires avaient placé la lutte sur ce terrain, et vous les avez exclus. Ils ont été battus, et vous avez triomphé.

Vous savez mieux que moi, messieurs, de quels noms on se servait alors, de quels reproches et de quelles calomnies on assaisonnait les discussions. Vous avez triomphé par le suffrage universel qui a dit : Il n'y a qu'un moyen de ramener la paix sociale, c'est de faire une autre Chambre. (Oui! oui! — Applaudissements.)

Et l'affirmation qui se traduisait ainsi s'est reproduite plus tard dans d'autres actes du suffrage universel. Elle s'est renouvelée dans les élections aux Conseils généraux, assemblées réunies à l'heure actuelle. Le succès a été tel que véritablement on ne se lasse pas d'envisager les conséquences fructueuses, les conséquences, permettez-moi de le dire, incalculables pour nos idées, de ces élections aux Conseils généraux.

Rappelez-vous, messieurs, dans quelles circonstances elles ont eu lieu.

On disait, — c'est une théorie qu'on n'oserait plus faire aujourd'hui, — qu'il y avait une centralisation trop forte depuis longtemps, que les préfets avaient trop d'action, qu'il fallait les mâter, — c'est qu'on était en République, vous comprenez bien ! (Rires.) — car, sous une bonne monarchie héréditaire ou quasi-héréditaire, on n'eût pas été si pressant; mais il y avait là une démocratie, un suffrage universel qui montait toujours et dont les flots finissent par engloutir tout ce qui reste des anciens priviléges.

On regardait monter le flot et l'on disait : Nous ne trouverons donc pas le moyen d'endiguer ce flot débordant; il faudrait peut-être mettre la main sur les départements.

Et alors on organisa cette petite loi que vous connaissez, qui ne paraissait être rien, qui avait un air innocent; elle rencontra, dans la discussion, bien des difficultés, bien des résistances, mais enfin elle fut votée et on arriva à l'exécution. C'était fort simple, il s'agissait de faire en sorte que les chefs, que leurs amis, que l'état-major qui avait préparé la loi, fussent nommés conseillers généraux, entrassent dans la forteresse, en prissent les clés et les missent dans leur poche.

Intervient alors le suffrage universel, et il choisit ses mandataires départementaux avec un tact parfait, et à 120 députés, appartenant à ce parti rétrograde parfaitement connu, — je ne veux pas citer de noms, parce que je ne veux pas faire de personnalités, — on a opposé des républicains, quelquefois des républicains de la nuance la plus accentuée. Et que s'est-il passé? Ce sont les fils des croisés qui ont mordu la poussière. (Rires. — Bravos.)

Or, voilà cette loi des Conseils généraux qui, au lieu d'être une loi agréable, utile, devient une loi tout à fait détestable. En effet, à quoi sert elle? à mettre en lumière les progrès accomplis par le suffrage universel dans toutes les couches sociales, à faire arriver dans les Conseils généraux — qui n'avaient été

jusque là que des foyers de réaction —
des hommes dévoués, sincères, appor-
tant, dans la discussion des intérêts de
leurs commettants, des intentions droi-
tes, connues et une conscience pure.
Ces hommes se sont assis, la plupart
pour la première fois, devant le tapis
vert de la table du Conseil, et je dois
dire qu'ils ont donné, par leur activité,
par leur zèle, par leur compétence, un
éclatant exemple de ce qu'ils peuvent
faire.

Ces Conseils ont été la grande conso-
lation de la France alors que, de tous côtés, on cherchait sur quels hommes, sur
quels groupes on pourrait s'appuyer, si
des moments de détresse se représen-
taient ; ces Conseils se sont offerts comme
une véritable force pour le pays, et l'on
a parfaitement senti qu'avec une démocratie ainsi préparée non-seulement pour
l'ordre, mais pour la pratique des affaires, la situation changeait et que la République s'était élevée au-dessus des at-
teintes des partis. (Applaudissements).

Tout le monde l'a compris ainsi, et
soyez convaincus que le désarroi qui
s'est mis chez les uns et certaines faci-
lités qui se sont produites chez les autres
ne viennent pas d'ailleurs que de cette
expérience récente, que de ce trait de
lumière, que de cette volonté deux fois
répétée du pays, manifestée d'une façon
intime, personnelle, toute locale, sur ce
terrain rétréci de la lutte dans les can-

tons, lutte dont le résultat a été de faire savoir aux hommes de l'Assemblée qu'ils n'avaient pas reçu le mandat de conspirer contre la République. Ces membres de l'Assemblée sont venus devant les électeurs en leur demandant un mandat local, départemental, et ils ont échoué là où leur influence passait pour la plus considérable et paraissait le mieux assise. Aussi ont ils compris le sort qui leur était réservé s'ils tentaient d'aborder une arène plus large. (Approbation.)

Mais il ne faut jamais trop triompher, il ne faut jamais cueillir prématurément le fruit de sa victoire. Quant à nous, nous n'avons pas espéré qu'il suffirait de ces deux manifestations pour amener la conviction, la persuasion dans certains esprits. Les simples, les gens qui croient que les affaires publiques sont toujours menées de bonne foi par les partis, l'ont espéré quelques instants ; leur désillusion a été prompte.

A peine avait-on enregistré ce double résultat des élections aux Conseils municipaux et généraux que les partis sont entrés véritablement en scène, et alors nous avons vu le parti légitimiste,—non pas précisément celui dont je parlais tout à l'heure,— mais le parti légitimiste d'une autre nuance et le parti orléaniste se mettre à l'œuvre. Il y a bien eu en scène aussi le parti bonapartiste, mais de celui-là, nous n'en parlerons pas, si vous le voulez bien. Car ce n'est pas un parti politique, c'est une bande, c'est une horde, et rien de plus. (Rires.)

Ces partis ont manifestement jugé que, devant cette répulsion du pays, il y avait quelque chose à tenter pour rétablir leurs affaires.

Ce quelque chose, c'était d'aller chercher un roi. On a considéré qu'il fallait peut-être lui demander quelque chose. On a rédigé un programme, quelque chose comme une Charte, et l'on a cherché à y rallier tous les partisans de la monarchie.

Tout cela s'est passé en pleine République, — remarquez-le bien, — alors que nous sommes. nous républicains, des hommes de désordre, des hommes d'agitation des hommes qui ne cherchent qu'à exciter les passions. C'est en pleine République qu'on a fait cette chose tout à fait simple et morale d'aller à l'étranger chercher un roi pour le ramener et l'installer à la place du gouvernement actuel, car, je le pense, c'était pour lui donner la place qui était si bien remplie. Et cela ne s'appelle pas conspirer, cela ne s'appelle pas menacer la fortune et la paix publiques, se livrer à des manœuvrer coupables ! agir ainsi sous l'œil de l'étranger qui campe sur notre territoire, est-ce mal ? non ! vous vous trompez, c'est le parti des honnêtes gens, qui se conduit ainsi, et ce qu'il fait s'appelle chercher à garantir l'ordre ! (Applaudissements répétés.)

Oui, c'était pour affermir l'ordre, pour le sauver dans le présent et dans l'avenir, que l'on se livrait à ces menées et à ces voyages.

Mais il est arrivé que le nombre des prétendants était trop considérable. (Hilarité.) Il y avait au moins trois prétendants qui s'offraient pour sauver l'ordre. Ils ont eu leurs représentants dans le sein de l'Assemblée et, au dehors, on a parlementé, on a échangé un premier programme, puis un second, puis il s'est même trouvé un esprit subtil qui en a fait un troisième. (Rires.) Enfin après avoir rédigé, voyagé, parlementé, échangé, modifié, on a abouti à cette déclaration magnifique :

Que le parti de l'ordre était divisé en trois, qu'il y avait trois combinaisons : l'ordre avec la monarchie traditionnelle, l'ordre avec la monarchie constitutionnelle, l'ordre enfin par une certaine combinaison nouvelle appelée le stathoudérat. Ces trois combinaisons ne s'entendaient entre elles, ne se ralliaient que sur un point : faire un acte décisif de conservation et d'ordre, supprimer la République.

Mais, dès qu'il s'agissait de savoir au profit de qui serait fait cet acte de conservation si régulier, si loyal ; quand il fallait résoudre cette question, chacun tirait son prétendant, c'est-à-dire son épée.

Donc on ne s'est pas entendu. Et l'on peut dire qu'à mesure que les explications continuent entre les prétendants, le désordre s'accroît entre leurs partisans. (Vif assentiment.)

Pendant ce temps, que faisait le parti de la République?

Il aurait pu, cédant à de légitimes soupçons, demander et, au besoin, réclamer publiquement qu'on mît un terme à ces menées. Il aurait pu, lui aussi, saisir son souverain de la question; il aurait pu s'adresser au peuple, au pays; il aurait pu, lui aussi, faire son voyage de France pendant que d'autres faisaient le voyage d'Anvers. (Vive approbation.)

Il n'en a rien fait et il n'a voulu en rien faire. Il a trouvé infiniment plus sage, plus expédient de démontrer aux regards de tous qu'il était véritablement le parti de l'ordre, et que ceux qui faisaient sonner si haut ce mot n'étaient que de vulgaires et impuissants agitateur. (Applaudissements prolongés.)

Et rien que par son silence, par la correction de sa conduite, en prêtant au gouvernement établi, à l'homme qui est à la tête de ce gouvernement son concours et son appui, — appui de deux sortes : appui par omission et appui par action, — il a donné à quiconque a un esprit et une conscience dans ce pays la démonstration qui restait à faire, à savoir qu'il était un parti avant tout dévoué aux intérêts suprêmes du pays : à l'émancipation, à la délivrance de la patrie et à la paix sociale. (Nouvelle approbation.)

Il l'a démontré, et il y avait à faire cette démonstration plus qu'un intérêt, il y avait une vérité à sauver, — ce qui vaut mieux qu'un intérêt, — il fallait qu'il affirmât que, minorité par hasard dans l'Assemblée, il était la majorité dans le pays. (Oui! oui! — Applaudissements.)

Il fallait qu'il affirmât qu'il était la majorité, entendez-le bien, dans ce qui est la force, dans ce qui est la vie, dans ce qui est le mouvement.

Par conséquent il a dit : Nous laissons passer vos intrigues, nous les surveillons, mais elles ne nous émeuvent pas, parce qu'elles paraissent ridicules à la France. (Sensation).

Cette vérité, il fallait la mettre en lumière ; elle y est désormais, car vous voyez de quelle bouche tombent aujourd'hui les affirmations et les apostrophes. Vous sentez que ce n'est pas pour rien qu'aux yeux des hommes intelligents se déroule un pareil spectacle. Oui, voilà ce qu'a fait ce parti qui a mis son honneur et sa gloire, depuis la Révolution française, chaque fois qu'il l'a cru nécessaire, à ne marchander aucun sacrifice à la cause du droit ; voilà ce qu'il a fait, parce qu'il connaît la situation de la France, parce qu'il sait que la République est un dépôt dont on a juré la restitution, parce qu'il veut que ce dépôt sacré soit gardé aussi fidèlement et aussi facilement que possible. Il a confiance; et il ne craint pas de le manifester avec une loyauté qu'il serait criminel de tromper, et dans sa confiance il peut regarder faire ses ennemis, comme il peut donner à ses amis ces conseils de sagesse et de discipline qui n'excluent en rien ni la résolution, ni la vigilance. (Vif assentiment.)

Ce n'est pas pour rien qu'un peuple a traversé d'aussi cruelles épreuves. C'est que le parti républicain notamment, contre lequel, en définitive, depuis quarante cinq ans, se sont exercées toutes les mesures répressives, a grandi, s'est développé, embrasse aujourd'hui toute la nation. Car a-t-on assez parlé des persécutions, des violences dont il était l'auteur! Quel perpétuel thème à déclamation! Mais ouvrez donc l'histoire depuis quarante-cinq ans, et demandez-vous qui on a frappé, emprisonné, proscrit et déporté? Cherchez si ce sont les sensibles qui s'émeuvent, ou si ce ne sont pas eux qui, avec la sensibilité la plus grande, ont toujours impitoyablement frappé sur nous? (Sensation.)

Non, nous ne sommes pas le parti de la violence, le parti de l'émeute, ce n'est pas vrai! (Très bien!) Ce qui est vrai, c'est que la Révolution française a apporté l'ordre dans ce pays depuis qu'elle y a fait son entrée avec son cortége de bienfaits qui, s'ils étaient connus par ceux-mêmes qui en jouissent et en profitent, la rendraient inattaquable et invincible.

Oui, la Révolution française, depuis qu'elle a commencé, a apporté l'ordre : je le répète, parce que je sais combien il y a d'esprits timides, défiants, circonvenus, à qui l'on jette, comme un venin détestable, que l'esprit de la République est un esprit de désordre, un esprit antisocial ; c'est une calomnie et on le sait.

On dit que nous sommes les ennemis ou plutôt que notre parti menace la propriété, la famille, la liberté de conscience ; c'est là une calomnie qu'on colporte de chaumière en chaumière.

Notre parti, l'ennemi de la propriété, de la liberté de conscience, de la famille ! O triples mensonges, et triples vipères qui colportez ce mensonge ! Le parti républicain, le parti de la Révolution française serait l'ennemi de la propriété, lui qui l'a introduite dans le monde français ! lui qui a pris les deux tiers de la fortune publique, qui ne payait rien, qui était détenue par les mains que vous savez, pour les donner au travail par la division, par l'industrie, et qui a fait qu'à la place du domaine du roi, qu'à la place des majorats, il y a eu la propriété individuelle ! La Révolution française, la République, c'est elle qui a donné la terre au paysan, qui l'a arraché de l'esclavage, qui l'a pris dans le limon, l'a enlevé au-dessus du sol, qui en a fait un propriétaire et un citoyen, qui en a fait un homme! (Applaudissements prolongés.)

Voilà, mes amis, ce qu'il faut vous attacher à dire si jamais vous vous trouvez en face d'imposteurs, ou de victimes de l'imposture, dites-leur que c'est la Révolution française qui a constitué le dogme de la propriété individuelle par le travail, et que le parti républicain ne considère pas seulement la propriété comme un avantage matériel, mais comme une force intellectuelle qui est donnée à l'homme, dont elle assure la liberté d'esprit et garantit l'indépendance morale.

Ils disent encore que nous sommes les ennemis de la liberté de conscience, que nous persécutons les consciences. C'est encore une calomnie; nous sommes, au contraire, les champions de la liberté de conscience, de la liberté des cultes; car j'imagine que, lorsqu'ils parlent de la pensée religieuse, ils ne peuvent nous assujettir à la défense d'une seule religion, la leur, de cette religion qu'ils veulent imposer à l'exclusion de toutes autres, de cette religion à laquelle ils ajoutent chaque jour de nouveaux dogmes qui révoltent les plus sincères d'entre eux, et dont ils ont le dessein de faire un bâillon sur toute bouche loyale, de cette religion qui, selon une parole célèbre, voudrait faire de chaque affilié comme un bâton dans la main du voyageur.

Ou ils n'ont pas le droit de parler de religion, ou la liberté de conscience permet à chacun de s'exprimer sur les causes premières et finales du monde et de dire ce qu'il a appris ou ce dont il doute.

Cette liberté de conscience, sous quelquelque forme qu'elle se produise, de prière, de culte, de réunion ou, au contraire, qu'elle soit la négation de toutes ces choses, est-ce le parti républicain qui l'a jamais poursuivie?

Ouvrez vos annales et vous verrez quelle quantité d'hommes, se réclamant de notre opinion, ont payé de leur sang, de leur vie, la revendication de cette liberté! (Applaudissement.)

Voilà comment nous sommes les ennemis de la liberté de conscience!

Et quant à la famille, oh! ici, permettez-moi de le dire, avec une sorte de révolte, comment! est-ce qu'il y a eu quelque part un dogme plus inviolablement établi que le dogme de la famille par la Révolution française? C'est elle qui a affranchi l'homme par le mariage civil; c'est elle qui a arraché, qui a délivré tous ces parias de l'ancienne société — juifs et protestants — dont on ne faisait que des bâtards, que des adultérins, quand l'Eglise n'intervenait pas. (Applaudissements.)

N'est-ce pas encore la Révolution française qui a détruit le privilége jusque dans les successions, en déclarant l'égalité des enfants dans les partages, faisant ainsi disparaître cet attentat, qui consistait à dépouiller les uns au profit d'un seul, dans les familles, pour satisfaire l'orgueil de la race ?

Voilà les hommes qui attaquent la famille !

Non ! non ! Il n'est pas permis de soutenir ces accusations sérieusement. Des documents, des preuves, on pourrait en apporter par milliers; mais si l'on vous en demande, répondez avec l'indignation légitime d'hommes qui connaissent ces grands faits, quand vous vous trouverez en face d'ennemis qui, les connaissant, les nient parce qu'ils vivent de la sottise humaine.

Eh bien, cette Révolution française, elle n'est pas achevée, et c'est là le malheur dont vous souffrez ; elle n'est pas achevée, parce qu'il s'est mis à la traverse des dynasties, des rois, des prétendants, des aventuriers, des scélérats qui ont marqué d'une tache de sang la plus belle page de notre histoire ; mais, à cause de cela, doit-on méconnaître l'esprit de la Révolution française ? Doit-on repousser l'égalité du travail, l'égalité devant la justice, devant les charges, l'égalité dans la famille, dans les successions, la substitution de la raison et de la justice aux caprices, aux fantaisies, aux vengeances et aux absurdités de la monarchie ? Faut-il tout abandonner au bénéfice de gens qui n'auraient même ni le talent, ni l'énergie, ni le caractère de nous ramener à l'ancien régime ?

Cette Révolution française a été menacée, elle l'est tous les jours ; on se livre contre elle à des attaques, à une sorte de fabrication mensongère, mais demandez au paysan, à l'ouvrier, au bourgeois, à tous ceux qui ont le sentiment de la vérité, demandez-leur s'ils veulent tout laisser compromettre par un ramassis d'impuissants et d'incorrigibles ? (Applaudissements.)

Ce qui fait que j'ai foi dans l'avenir, c'est que ce serait trop odieux et que la démocratie est tellement le sol sur lequel nous marchons et l'air que nous respirons, que tout cela est comme non avenu. Enfin, pourquoi ne le dirais-je pas ? ce qui ajoute à ma foi dans l'avenir, c'est qu'il me semble que celui qui est à la tête du gouvernement ne peut oublier ni son origine, ni ses études, ni les leçons de l'expérience ; il sait, il doit savoir qu'il y a quelque chose de plus beau que d'avoir écrit les annales de la Révolution française, c'est de l'achever, en couronnant son œuvre par la loyauté et la sincérité de son gouvernement. (Applaudissements prolongés. — Cris répétés de : Vive la République ! — Vive Gambetta !)

(Extrait de la République Française)
Numéro du 10 avril

ON TROUVE A LA MÊME LIBRAIRIE

Le Discours de SAINT-QUENTIN

www.ingramcontent.com/pod-product-compliance
Lightning Source LLC
Chambersburg PA
CBHW051356050726

47595CB00006B/2576